Reginaldo **Boeira**

Quando o *sucesso* é a única opção

Copyright © 2022 de Reginaldo Boeira
Todos os direitos desta edição reservados à Editora Labrador.

Coordenação editorial
Pamela Oliveira

Assistência editorial
Larissa Robbi Ribeiro

Projeto gráfico
Priscilla de Zutter

Diagramação
Amanda Chagas

Preparação de texto
Marília Courbassier Paris

Revisão
Laura Folgueira

Capa
Dudu Moser

Imagens de miolo
Bryam Yoham Zonta Dissenha

Edição de texto
Pedro Henrique Homrich

Dados Internacionais de Catalogação na Publicação (CIP)
Jéssica de Oliveira Molinari - CRB-8/9852

Boeira, Reginaldo
  Quando o sucesso é a única opção / Reginaldo Boeira. -— São Paulo : Labrador, 2022.
  112 p.

ISBN 978-65-5625-228-5

1. Sucesso 2. Empreendedorismo 3. Autoajuda 4. Boeira, Reginaldo – Biografia 5. Empreendedores - Biografia I. Título

22-1247   CDD 158.1

Índices para catálogo sistemático:
1. Autoajuda

Editora Labrador
Diretor editorial: Daniel Pinsky
Rua Dr. José Elias, 520 — Alto da Lapa
05083-030 — São Paulo/SP
+55 (11) 3641-7446
contato@editoralabrador.com.br
www.editoralabrador.com.br
facebook.com/editoralabrador
instagram.com/editoralabrador

A reprodução de qualquer parte desta obra é ilegal e configura uma apropriação indevida dos direitos intelectuais e patrimoniais do autor. A editora não é responsável pelo conteúdo deste livro. O autor conhece os fatos narrados, pelos quais é responsável, assim como se responsabiliza pelos juízos emitidos.

Dedico àqueles que estiveram comigo em algum momento de minha caminhada, tanto nas quedas quanto em cada recomeço. Ninguém cresce sozinho.

Sumário

Prefácio	9
1. Você não é todo mundo!	11
2. A vontade na necessidade	31
3. Insistir *versus* persistir	39
4. Sempre rápido, mas sem pressa	47
5. Foco nos objetivos	59
6. O que te desafia é o que te transforma	65
7. A matemática do sucesso	73
8. A hora certa de empreender	81
9. Você escreve seu futuro	89
10. Sem crise	95
11. Sucesso	103

Prefácio

Fiquei muito honrado quando recebi o convite para prefaciar a obra de Reginaldo Boeira, por quem tenho muito respeito e admiração por sua história e jornada no empreendedorismo. Em *Quando o sucesso é a única opção*, temos a oportunidade de conhecer os caminhos percorridos e os percalços enfrentados por Reginaldo até ele conquistar o sucesso. Obstáculos que muitos cidadãos enfrentam diariamente, vendo-se presos em uma realidade da qual acreditam que jamais irão sair.

Este livro é mais que uma biografia, é uma escola. A partir desta obra podemos absorver os conhecimentos de um empresário que entrou no mundo dos negócios por pura necessidade. Mais do que isso, ela nos permite refletir sobre nossa vida e nossas escolhas, para que não deixemos planos e sonhos para trás por conta de uma queda ou falha no percurso. Uma obra importante também para aqueles que querem mudar de vida e conquistar a tão sonhada independência financeira. Por entre as páginas, grandes doses de motivação e ensinamentos sobre liderança e persistência.

Boeira apresenta uma narrativa verdadeira e sincera sobre seus maiores desafios e em que pilares se fixou para transformar os obstáculos em sucesso. Sem dúvida, uma história para emocionar e inspirar.

Pedro Henrique Homrich
Jornalista

1

Você não é todo mundo!

A vida nos ensina que os percalços são parte fundamental do nosso caminho. Os desafios existem para nos fortalecer e nos fazer crescer.

Seus ouvidos já cansaram de ouvir que dinheiro não é tudo, aposto, e você não está errado em pensar assim. Realmente não é tudo, mas é muito. Você merece e deve ser recompensado pelo seu trabalho, e nada melhor do que ter dinheiro na mão para usufruir dele da melhor forma e viver com qualidade. Somente quem acorda todos os dias empenhado em ganhar o sustento de casa e da família sabe quão valioso é cada centavo. Somente quem já esteve lá embaixo conhece o sentimento de impotência que a falta do dinheiro traz — um sentimento que tive por três vezes, até criar uma empresa que vale hoje mais de 1 bilhão de reais.

Talvez a pior parte de ter quebrado tenha sido não apenas a incerteza do dia seguinte, mas o fato de ter sido preciso até usar roupas emprestadas de meu irmão. Por menos grave que isso possa parecer, diante de uma falência de grandes proporções, aquilo me derrubou. Eu já não era dono de minhas próprias coisas, já não detinha o poder de adquirir o que tinha vontade, nem sequer usar minhas próprias roupas. Já era demais. Foi então que jurei para mim mesmo que não haveria uma quarta queda.

Monte Belo, Minas Gerais, cidade pequena, rural e quase na divisa com o estado de São Paulo. Nasci no início da década de 1960, quando a família já estava grande. Filho do meio entre onze irmãos, vivi minha infância toda na roça e comecei a trabalhar muito cedo, aos seis anos, ajudando meu pai na plantação — era justamente dali que saía o nosso sustento.

Meus dias se dividiam entre estudar na parte da manhã e, assim que retornava, ir à roça auxiliar meu pai até o anoitecer. A escola em que estudava ia somente até o terceiro ano, onde vi todos os meus colegas parando seus estudos ali mesmo. Mas como minha mãe sempre dizia: "Você não é todo mundo". E eu tinha de continuar. Após completar o terceiro ano, a escola mais próxima em que podia dar sequência aos meus estudos ficava a 17,5 quilômetros de minha casa.

Foram dias cansativos. Como não tínhamos bicicleta, muito menos carro, meu irmão e eu íamos a pé mesmo. Eram mais de três horas de caminhada, sob sol e chuva, para que fosse possível estudar. Lembro que, quando ganhei meu primeiro sapato, tirava-o escondido de minha mãe ao sair e ia descalço, apenas o colocava quando chegava na sala de aula para que não sujasse no caminho e pudesse usá-lo por mais tempo.

Terminando a quarta série, saímos da zona rural de Monte Belo e nos mudamos para uma cidade bem próxima, Muzambinho. Continuei estudando no período noturno e trabalhava com meu pai de manhã. Cinco e meia, o sol nem havia saído e eu já estava de pé esperando o pau-de-arara em direção à roça. Trabalhava pesado até umas cinco e meia da tarde e vinha embora para casa. Era o tempo de chegar, tomar um banho rápido e correr para a escola.

Para ajudar em casa, cheguei a trabalhar como engraxate no centro da cidade por algum tempo. Mesmo muito jovem, conquistei diversos clientes, que sempre engraxavam seus sapatos comigo. Era um trabalho complicado, porque era preciso me deslocar para a cidade vizinha para comprar graxa. Até que fui percebendo que muitas crianças de minha idade que também trabalhavam com isso reclamavam da dificuldade de comprar mais estoque.

Mesmo ainda muito novo, me veio na hora a ideia de comprar a graxa na outra cidade e revender para meus colegas. Isso tornaria o trabalho deles muito mais fácil e, com isso, geraria ainda mais lucro para mim. A veia empreendedora tomava cada vez mais forma em minha vida.

No entanto, não demorou muito para que minha mãe percebesse que não teríamos futuro em Muzambinho e colocasse na cabeça que era preciso sair de lá. Pouquíssimo dinheiro, bastante coragem. Não havia outra saída a não ser buscar novas oportunidades em um município maior e mais desenvolvido. Foi então que nos mudamos para Limeira, interior de São Paulo, onde enfrentamos os anos mais difíceis de nossas vidas. Na época com doze anos, eu não tinha onde trabalhar. Meu pai conseguiu um emprego numa fundição, porém, alimentar treze bocas com um salário em torno de mil reais estava longe de ser possível.

Uma noite, já sem conseguir dormir por conta da fome, ouvi minha mãe sussurrando para meu pai e perguntando o que iria dar para as crianças comerem. Meu pai ficou em silêncio por alguns instantes e apenas pediu que minha mãe pegasse um punhado de sal para que ele levasse para o trabalho. Foi a forma que ele encontrou de "se alimentar", misturando sal na água para que se sentisse satisfeito de forma mais rápida.

Estava cada vez mais difícil, cada vez mais desesperador. Um dia, brincando no pátio da minha casa, me imaginei comendo deliciosos biscoitos de chocolate. A vontade foi tanta que, quando me dei conta, estava comendo um biscoito de barro, moldado por minhas próprias mãos.

A fome dói. Até mesmo escrever sobre isso se torna um desafio. Era triste ver minha mãe chorando nos cantos por não ter como nos alimentar. Mesmo para um garoto de doze anos, e que trabalhava desde os seis, ouvir aquilo me fez decidir que precisava fazer alguma coisa. Nem esperei amanhecer direito, vesti meus chinelos e saí caminhando pela cidade atrás do emprego que fosse.

Me sentei em frente a um supermercado e percebi que havia alguns garotos trabalhando no check-out. Me dirigi até um dos meninos e perguntei quem era o dono do lugar, pois precisava falar com ele. Quando ele apontou para o dono, nem pensei direito e corri em sua direção. Abordei o moço e disse que precisava de um emprego. Ele então perguntou minha idade e, ao saber que eu tinha apenas doze, disse que só estava contratando a partir dos quatorze anos. Pensei comigo: "Bom, quatorze anos para todo mundo, não é? Mas, como eu não sou todo mundo, preciso convencê-lo a me dar esse emprego".

Jurei para ele que se me perguntassem eu diria que tinha quatorze anos. Acredito que aquilo mexeu com ele. "Você pode começar amanhã?", questionou. Em resposta, lhe disse: "Posso começar agora". Meu trabalho era de empacotador e também ajudava os clientes a levarem suas compras até o carro. Não havia salário, tudo o que conquistava era por meio de gorjetas. Nunca me esqueci de que, em meu primeiro dia, ganhei dinheiro suficiente para comprar dois quilos de arroz e um quilo de feijão. Nesse emprego, no entanto, permaneci por apenas uma semana, até o dia que eu considero como o ponto em que as coisas começaram a mudar.

Numa manhã, andando em direção ao trabalho, entrei em alguns bares em busca de algum doce para ir comendo no caminho. Percebi que em nenhum deles havia e questionei o dono de um dos estabelecimentos. Ele me disse que a distribuidora passava apenas uma vez por semana (e olhe lá), o que fazia com que os doces acabassem rapidamente ou até mesmo passassem da validade. Foi então que o dono do bar me disse que havia sobrado alguns produtos vencidos há uma ou duas semanas, mas que eu poderia levar de graça se quisesse. Imagine a alegria do menino com aquele presente.

Enquanto me deliciava com aqueles doces, uma luz surgiu em minha mente. Me dei conta de que existia uma distribuidora de doces bem próxima à minha casa e, assim, enxerguei uma oportunidade.

Passei a comprar os doces da distribuidora e revendê-los aos bares da cidade. Comecei vendendo uma caixa. Com o dinheiro que recebi, comprei duas, das duas que vendi, comprei quatro e assim por diante. Não havia percebido no início, mas minha vida como empreendedor acabava de começar, de fato, aos doze anos de idade.

Volto agora ao que disse no começo: dinheiro não é tudo, mas é muito. Não é tudo porque nada compra o amor da família, caráter, dignidade e, principalmente, respeito. Mas digo ser muito, pois pude finalmente ajudar em casa. Apesar disso, a fome ainda rondava muito o meu lar, então parar era algo impensável.

Fazia tudo a pé, andava quilômetros diariamente com doces nas mãos, para cima e para baixo revendendo-os para os bares e lanchonetes. Após dois meses, eu pude então comprar um triciclo, que otimizou muito meu trabalho e diminuiu o tempo que eu levava para realizar as entregas. Mas ainda era preciso mais.

Faltando cerca de vinte dias para meu aniversário de treze anos, enquanto passava em frente de uma humilde casa, vi um fusca estacionado e com a placa de vende-se. Bati palmas por diversas vezes até que um senhor atendeu e veio até mim. "Boa tarde, senhor! Vi que está vendendo este carro, eu estou interessado em comprar!", disse. Ele, incrédulo por ouvir aquilo de um moleque, respondeu que somente venderia se meu pai estivesse junto. Dito e feito, primeira coisa que fiz ao chegar em casa foi pedir para que meu pai fosse comigo até a casa do senhor.

Mesmo ainda não sabendo dirigir, entrei dentro da "lata-velha", engatei a primeira marcha e fui em direção à minha casa. Por azar, quase atropelei meu vizinho quando estava quase chegando. Curiosamente, ele mesmo se dispôs a me ensinar alguns macetes para que eu pegasse o jeito. Era a conquista do meu primeiro carro.

Com a ajuda dele, se antes eu gastava uma hora para levar cinco caixas de doces, passei a distribuir mais de cinquenta caixas em meia hora. A necessidade me fez empreender e aprender. Entendi que, mesmo novo, tinha uma responsabilidade grande em meus ombros e que não poderia falhar. A pressão era grande, tudo precisava estar perfeito, organizado e calculado para que nenhuma adversidade pudesse comprometer algo que estava mudando nossas vidas para melhor.

Antes de completar quatorze anos, comprei uma Kombi e contratei um rapaz para trabalhar comigo, que me auxiliava dia e noite na distribuição dos doces. De pouco em pouco, de entrega em entrega, consegui comprar meu primeiro caminhão, quando tinha apenas dezesseis anos de idade. Nessa época, meus pais já haviam me emancipado para que eu pudesse, de fato, ser dono de minha própria empresa.

Lembro-me bem de que, quando tinha por volta de dez anos, antes mesmo de virmos para o interior de São Paulo, numa rodinha de amigos foi perguntado qual era o sonho de cada um. Na minha vez, disse que meu sonho era comprar um caminhão. Um dos meninos que estava na roda virou para mim e disse: "Reginaldo, antes de pensar em comprar um caminhão, você devia pensar em comprar um sapato". A satisfação de finalmente realizar esse sonho me fez acreditar ainda mais em mim mesmo e ignorar qualquer palavra negativa vinda dos outros.

Havia dias que me sentia perdido no trabalho, mesmo que nada estivesse, digamos, bagunçado. Talvez por conta de minha pouca idade, tudo era novo, tudo era um desafio, era algo a se aprender e se resolver. Mesmo não tendo paixão por aquilo, era preciso continuar. Durante cinco anos, levei a empresa muito bem, até que, pouco antes de atingir a maioridade, a negociei e a vendi.

Com ambição nos olhos e anseio de crescer profissionalmente e enfrentar novos desafios, decidi mudar completamente de ramo: saí dos doces e, com o dinheiro que havia negociado na venda, comprei uma rede de três açougues. Alguns meses se passaram e, no momento que eu achei que havia feito a coisa certa, me enganei e caí.

Estava eu, com dezoito anos, falido e cheio de dúvidas pairando na cabeça. Por muitas vezes olhei para trás e percebi quão impulsivo fui com aquelas ações, quão rápido troquei um negócio que estava dando certo — e muito — por uma incerteza. Por diversas vezes tentei me culpar ou achar algum motivo que pudesse explicar a falência que havia acometido meu negócio. Mesmo com tantas dúvidas, perguntas e procura por esclarecimentos, havia uma única certeza que carregava comigo: eu iria me levantar novamente.

Desistir não poderia ser uma opção. Mesmo com esse pensamento, às vezes minha inocência de jovem adulto falava mais alto. Não pela falta de fé própria, mas sim porque, pela primeira vez em alguns anos como empreendedor, me sentia frustrado. Não entendia que os tropeços também faziam parte da caminhada. Anos depois aprendi que não só fazem como são fundamentais para que possamos crescer como profissionais e também como seres humanos.

Pouco a pouco fui guardando algumas economias até ter o dinheiro suficiente para recomeçar. Na dúvida, sem saber por onde, decidi optar pelo doce, já que era como uma espécie de porto seguro para mim. Sabia de tudo sobre o produto e, principalmente, como trabalhar com ele. Foi questão de meses para que eu pudesse me reerguer. Meses difíceis, de incansáveis jornadas e noites mal dormidas, porém jamais tirei o foco de meu objetivo maior. Assim que estabelecido, não se passou muito tempo até o dia em que recebi uma proposta e, após algumas negociações, decidi vender minha empresa. O que aconteceu nos próximos anos serve de exemplo para mim até os dias de hoje.

Limeira, São Paulo, a capital nacional da semijoia. Pronto, havia um mercado forte e promissor para que eu pudesse investir. Montei um novo negócio, contratei colaboradores e depositei todo suor e dinheiro nessa nova empreitada. Trouxe comigo toda a bagagem e conhecimento que adquiri nos anos em que trabalhei com doce e coloquei em prática o que deu muito certo. Fechei enormes contratos de serviço, então foi preciso aumentar a mão de obra e, consequentemente, a equipe. Fiz viagens por diversos estados levando encomendas e, felizmente, por diversas vezes, chegando com dezenas de outros pedidos.

Estava muito entusiasmado e focado na preparação e na entrega dos produtos dentro do tempo. Eram grandes pedidos com uma grande carga de responsabilidade sobre eles. Enquanto remessas eram despachadas, outras encomendas chegavam. Tudo estava nos conformes, toda a equipe trabalhando no seu máximo — o que podia dar errado?

Pois bem, acontece que, justamente de um dos maiores pedidos que minha empresa recebeu, vindos de um mesmo solicitante, jamais vimos a cor do dinheiro. Após semanas, nas quais cheguei a virar noites na empresa para que tudo funcionasse corretamente no dia seguinte; após dinheiro, esforço e mão de obra utilizados para que as entregas pudessem ser feitas em dia, eu estava falido novamente.

Não me dei por vencido. Em vez disso, procurei refletir e aprender com essa queda. Aprendi que não podemos agir por impulso, pensando que o negócio já deu certo justamente por pensarmos que vai dar certo. Além disso, não dá para simplesmente confiar nas pessoas porque você as conhece. Algo que tomei como ensinamento foi não colocar todos os ovos de ouro em uma cesta só. Por último, mas não menos importante, aprendi que planejamento é tudo.

Esteja sempre de olho no seu negócio — de dia, de noite, desde a hora em que acorda até a hora em que vai dormir. Assim, as chances de você prever adversidades que podem comprometer irreversivelmente sua empresa aumentam radicalmente. Ainda mais importante para um empreendedor do que solucionar um problema é antevê-lo. Sendo assim, é preciso ter olhos de águia!

Mais do que prestar atenção, você precisa saber do seu negócio. Já ouviu aquela expressão "dono de padaria precisa saber fazer pão"? Pois bem, para que sua empresa dê certo, é necessário entender na prática como funciona todo o sistema do negócio. Não significa que você terá de fazer tudo, mas um bom gestor sabe como fazer. E mais do que tudo: não peça para o liderado algo que você, como líder, não faria.

Era meu novo retorno ao ramo dos doces. Insisti por mais alguns anos, só para que eu pudesse me reestabelecer. Eu já estava profundamente cansado (do ramo, jamais de trabalhar). Até que, em meados da década de 1990, enquanto a computação e a internet ainda engatinhavam no país, percebi um mercado em potencial e decidi investir. Em sociedade com meu irmão, abri uma empresa de informática, onde também passamos a oferecer cursos. Eu não tinha conhecimento algum nesse ramo, muito menos qualquer afinidade com o universo da tecnologia. Resultado? Minha terceira e mais brutal queda.

De todas as promessas que fiz durante a vida, talvez essa tenha sido a que mais teve peso para que uma transformação, de fato, acontecesse. Ao perceber que uma nova falência se tornaria inevitável, jurei para mim mesmo que seria a última.

Algo se tornou claro em minha mente nessa mesma época: eu não estava correndo atrás do que eu realmente gostava. O idioma já era uma realidade para mim, mas o mantive "na geladeira" durante muitos anos para me dedicar a profissões pelas quais eu não tinha paixão alguma. Foi então que uma mudança nova e definitiva se tornou mais que necessária, passou a ser vital.

Se eu pudesse dar apenas uma dica sobre empreendedorismo, seria esta: invista naquilo que você gosta. Eu até poderia ter retornado novamente para o ramo de doces, porque era algo que eu realmente sabia fazer. Só que eu tinha certeza de que aquela realidade estava longe de ser a que eu almejava para minha vida. Quando você ama o que faz, acorda todos os dias motivado e certo de que fará um bom trabalho. Isso vale tanto para o empreendedor quanto para o colaborador.

Mas de quem é a responsabilidade pela motivação dentro de uma empresa? Bem, das duas partes, mas de maneiras diferentes. O empreendedor deve tirar da cabeça e manter fora do alcance de seus pensamentos que basta investir, abrir uma empresa e pronto: "Sou um empreendedor". Pensando assim, você estará muito equivocado. Um empreendedor é mais que um investidor, é um líder. É dele que devem emanar a motivação e o exemplo diários, para que seus colaboradores o apoiem, o sigam e, principalmente, confiem nele.

O colaborador, por sua vez, é igualmente responsável. Sua motivação deve vir dos menores detalhes e, para se destacar, precisa transmitir e envolver os demais colegas com sua energia e força de vontade. Um colaborador de destaque é aquele que não se motiva pelo dinheiro, mas por resultados. É aquele que vê valor em si e em sua equipe.

É responsabilidade do empreendedor fazer com que o ambiente de sua empresa seja o mais confortável e prazeroso para trabalhar. E é responsabilidade do colaborador fazer com que ele e sua equipe estejam alinhados e caminhando lado a lado para o sucesso, tanto pessoal quanto da empresa como um todo. Isso se faz com diálogo, respeito ao espaço e limite do outro, e muito esforço conjunto. Uma palavra consegue definir toda essa relação: confiança.

Esses dias parei para refletir quão forte é o significado dessa palavra, fui então atrás de uma definição precisa. Confiar, de acordo com o dicionário, significa atribuir a alguém ou a algo o encargo de realizar uma ou mais tarefas; encarregar, incumbir. Existe outra definição que me chamou mais a atenção: confiar é acreditar na honestidade, na bondade, na sinceridade e na fiabilidade de alguém.

Para liderar, precisamos justamente confiar e sermos confiáveis. Antes mesmo do respeito e da admiração, deve existir a confiança. Esse papel, ainda que fundamental em qualquer empresa, instituição ou organização, carrega consigo uma responsabilidade vital.

As pessoas cometem o erro grave de achar que a função do líder é apenas gerir seu setor, direcionar tarefas e conferir resultados. Mas há um detalhe que, se não for posto em prática, tem o poder de desestabilizar e até mesmo arruinar essa relação: a comunicação.

Comunicação, por si só, já é algo inerente à sobrevivência humana. Sem comunicação, não existimos. É por meio dela que as pessoas se ajudam, se entendem e se

Você não é todo mundo!

conectam. Quando algo falha durante uma comunicação, por mais simples que possa parecer, uma ideia ou um projeto já podem estar fadados ao fracasso. Portanto, um dos papéis mais importantes do líder é saber ou aprender a se comunicar, bem como garantir que a boa comunicação seja realidade entre todos do seu setor e da empresa.

Muitas vezes perdemos a oportunidade de transmitir uma ideia a alguém. Damos explicações em demasia e, depois, nos frustramos quando o outro não compreende. Mas você já se perguntou se essa pessoa realmente está disposta a entender? Mais ainda, será que ela tem interesse em compreender o que quer passar?

O papel do líder muitas vezes não é apenas citar exemplos em seu argumento, mas sim ser o próprio exemplo. Sabe aquele ditado muito popular "uma imagem vale mais que mil palavras"? Pois bem, aqui reitero dizendo que uma ação vale mais que mil palavras. Transforme seus exemplos em prática e se torne um.

A partir do momento em que isso é percebido, aí sim você terá despertado o interesse em uma pessoa em compreender.

Posso até mesmo utilizar outro ditado: "Em vez de dar o peixe, ensine a pescar". Um bom líder não obriga, não dita, não impõe. Pelo contrário, ele pede, ensina e muitas vezes demonstra como alguém pode chegar ao objetivo. Para isso, jamais subestime o poder da inteligência humana. Todos temos capacidade de compreender e executar uma tarefa, uns com mais dificuldade e uns com menos. É responsabilidade do líder saber interpretar e respeitar o tempo de cada um. É como aprender tabuada ou o verbo *to be*, em inglês. O meu tempo é diferente do seu, e o tempo de alguém é diferente do nosso.

2

A vontade na necessidade

Nunca é tarde para encontrar o seu objetivo de vida.

Minha história com o inglês não começa já adulto, muito pelo contrário, ela existe desde os meus sete anos, quando eu morava ainda na roça. Um dos meus passatempos favoritos não era tão parecido com o dos garotos da mesma idade. Ao voltar da longa caminhada que fazia todos os dias da escola até minha casa, meu único desejo era sentar em minha cama e ouvir um pequeno rádio à pilha.

Jamais me esqueço do exato momento em que, mudando a sintonia, me assustei com locutores falando um idioma estranho, mas que eu achava muito bonito. Não entender nada do que estavam conversando despertou em mim uma curiosidade gigantesca de aprender.

Foi então que na quarta série ganhei um dicionário inglês-português de uma de minhas irmãs. Aos poucos, tentei procurar cada palavra que ouvia e sua tradução, e assim fui aumentando gradativamente meu vocabulário. O desafio de aprender e me tornar fluente em inglês era alimentado a cada dia. Eu arriscava escrever as palavras da forma que compreendia e corrigia a mim mesmo para memorizar a forma correta.

Até então jamais havia tido uma aula sequer na escola, algo que mudou uns anos depois quando passei a ter essa matéria. Infelizmente, o ensino regular não supriu expectativas. Era necessário algo mais eficiente, que pudesse me fazer realmente aprender.

Já em Limeira, depois de me estabilizar financeiramente vendendo doces, passei a frequentar aulas de inglês em diversas escolas de idiomas. Justamente, o que menos senti em cada uma dessas experiências foi o respeito pelo tempo de cada um. O ensino era feito como um todo, no geral, da mesma forma para a turma inteira.

Depois de mais alguns anos, até cheguei a aprender diversas coisas. Passei a compreender e falar inglês em nível intermediário, mas faltava um detalhe (que eu não sabia qual era) para que me tornasse fluente. Esse detalhe faria toda a diferença, pois possibilitaria que eu aprendesse de forma muito mais ágil e eficaz. Passei os próximos anos encucado com essas minhas experiências e procurando alguma maneira de fazer do jeito certo, do jeito que tem de ser.

Os anos passaram e o desejo de encontrar respostas para minhas dúvidas quanto ao modo certo de ensinar um idioma só crescia. Nesse meio-tempo, como já sabia inglês, decidi passar esse conhecimento adiante. Foi então que me tornei professor. Cheguei a ter alguns alunos, o que no momento ajudou a me reerguer. Ainda assim, mesmo

A vontade na necessidade

com as contas em dia, algo continuava estranho, parecia que eu não estava ensinando meus alunos de uma forma completa. Senti realmente que os estava enganando e, principalmente, enganando a mim mesmo.

Aqui entra uma parte muito especial da minha vida. Acredito que os momentos seguintes foram os reais "divisores de água" de toda a jornada. Mesmo com pouco dinheiro no bolso, decidi que minhas economias seriam gastas de maneira inteligente. Pensei comigo: se eu e meus alunos não estamos aprendendo da forma certa, os brasileiros também não estão. Isso explica a baixa proficiência que o Brasil tem no inglês e o porquê de o ensino regular de idiomas não ser eficiente.

Foi então que parti para o mundo. Precisava conhecer pessoas, culturas e, o mais importante, de que forma os estrangeiros aprendiam um novo idioma. Meu objetivo era trazer algo novo e que pudesse realmente fazer a diferença. Em cada um dos países, apenas juntava o necessário para pagar a passagem e lá me virava como podia. Cheguei a lavar pratos em Nova York e entregar panfletos em cidades como Santiago, Londres, Frankfurt e Hamburgo. Em alguns lugares, consegui negociar meu trabalho em troca de um quarto para dormir.

Estava quase desistindo, frustrado por não ter conseguido encontrar essa peça que faltava, quando, em um passeio por Zurique, na Suíça, tudo mudou.

Na noite anterior ao meu retorno ao Brasil, fui até um restaurante e pedi por uma mesa. O lugar estava praticamente lotado, o que me fez ficar esperando durante um bom tempo. Quando chegou minha vez, foi uma decepção: eu achava que havia pedido uma mesa, mas em vez disso pedi uma cadeira em uma mesa coletiva (prática comum em alguns países).

Uma senhora romena que estava sentada do meu lado puxou papo comigo. Simpática, perguntou de onde eu era e o que eu fazia ali. Foi então que contei minha longa trajetória de frustrações com o ensino do inglês que observava no Brasil. Contei para ela que viajei muitos países tendo como foco conhecer como os povos aprendiam um novo idioma, para que eu pudesse descobrir um jeito de desenvolver algo para os brasileiros. O que ela me disse em seguida, aquela única frase, foi o que mudou a minha vida por completo.

Antes de dar mais um gole na taça de vinho, a senhora me disse que tinha vivido esse mesmo problema. Por mais de quinze anos, ela tentou aprender inglês e não sentia nenhuma evolução. Até que conheceu uma professora que havia desenvolvido um método especial para quem falava romeno. Ali caiu a ficha de que eu precisava desenvolver um método específico para os nativos da língua portuguesa.

Era o elemento que faltava nesses anos de tentativas de suprir a carência do país no ensino de um segundo idioma. Era preciso existir um método exclusivo para nós, brasileiros. Um método que respeitasse nosso tempo e nossas individualidades culturais.

A vontade na necessidade

Por ter sempre acreditado que em cada um existe o seu próprio tempo, vi que o que menos podia perder no momento era justamente isso. Ao retornar para o Brasil, não pensava em outra coisa a não ser criar uma metodologia nova, própria e que realmente desse certo.

3

Insistir versus persistir

EU ~~NÃO~~ POSSO

Muitos sonhos não precisariam ser interrompidos se todos aprendêssemos a enxergar por outros ângulos.

Rabiscos, rascunhos, centenas de papéis em cima da mesa, da cama e no chão. Madrugadas adentro dedicadas exclusivamente ao desenvolvimento dessa metodologia. Entre o sucesso e o fracasso, eu só tinha uma chance, e não podia falhar novamente. Acredito que minha maior aliada durante essa nova fase de minha vida foi a minha persistência. Repito: persistência, e não insistência. Há um abismo entre essas duas palavras.

Quando insistimos, por mais que erremos quinhentas vezes, continuaremos errando da mesma forma. Isso nos desgasta e nos faz perder toda confiança e crença que temos em nós mesmos e em nosso potencial. Agora, quando persistimos, encontramos soluções e alternativas para nossos erros. Cometeremos sim equívocos no caminho, mas jamais erraremos novamente pela mesma coisa ou na mesma situação. Às vezes estamos na estrada certa, mas andando de maneira errada.

Quando era jovem e retornei diversas vezes para o ramo dos doces, por exemplo, eu estava realmente insistindo. Acredito que por conforto, já que eu sabia exatamente tudo sobre isso, era algo que eu tinha certeza de que fazia com competência e conhecimento. Insistia também em mudar, mas todas as vezes que mudei para algo pelo qual eu não era apaixonado, eu falhei. Ao encontrarmos nosso espaço no mundo, nossa visão e nossos horizontes mudam completamente.

Meu espaço já era a sala de aula. Ensinar, para mim, tornou-se algo além do que eu pudesse imaginar. O prazer que eu tinha em ajudar, ensinar e aprender junto com meus alunos era imensurável. Bastava, apenas, uma metodologia que pudesse fazer mais sentido para isso tudo.

Após uns dois anos estudando e desenvolvendo a metodologia, enfim consegui criar algo próximo do que eu esperava. Tive tempo o bastante para botá-la em prática com alguns de meus alunos e fazer as alterações necessárias. Fui percebendo ainda mais as características individuais de cada um dos meus alunos, suas dúvidas em comum, suas maiores dificuldades e facilidades com o idioma.

Com esse teste, pude chegar à conclusão de que muito do que é ensinado na maioria das escolas pode ser aprendido num espaço mais curto de tempo. Existem peculiaridades no inglês, e em qualquer idioma, que nós brasileiros facilmente absorvemos. Outras, no entanto, precisam de maior aprofundamento, maior cuidado. O erro de muitas escolas é fazer exatamente o inverso: gastar tempo demais no que podemos rapidamente assimilar e não dar valor ao tempo que cada aluno necessita para aprender.

É arcaico e ultrapassado demais tentar ensinar uma turma pensando nela como um todo, e não de forma individual. Isso obriga os alunos a estarem num nível equilibrado de conhecimento, mesmo que não tenham de fato aprendido. Além da frustração imposta, esse jeito de ensinar está longe de ser eficiente. Quando o nosso tempo não é respeitado, simplesmente não aprendemos.

De uma coisa tenho certeza: a educação é um ramo de inesgotáveis possibilidades, lucrativo e ao mesmo tempo gratificante, pois dá oportunidade de alcançar estabilidade financeira e, principalmente, transformar a vida das pessoas. Quando mudamos a vida de alguém por meio da educação, muitas vezes não percebemos, mas estamos mudando a nossa também. É um ciclo.

Após um longo período de dez anos de adaptação e modificação, a metodologia que eu imaginava estava pronta. Alunos satisfeitos, felizes e aprendendo em um tempo surpreendente. É incrível notar quão rápido podemos ensinar e aprender, basta ter uma ferramenta que nos possibilite isso.

O princípio básico para nós, falantes do português, aprendermos inglês é o mesmo. O que eu consegui, enfim, foi criar uma metodologia capaz de acelerar o que é fácil e, ao mesmo tempo, simplificar o que é complexo.

Deu certo, muito certo. De meia dúzia de alunos, passei a lecionar para dez, depois para vinte, cinquenta e cheguei a ultrapassar a marca dos cem alunos. Mas engana-se quem acredita que foram tempos fáceis. Era muito comum eu virar a noite escrevendo e preparando conteúdo para passar o dia seguinte todo dando aula.

Não demorou muito para que eu abrisse minha primeira escola de inglês. O nome era Sparkle, que significa "brilhar". No início até achei o nome interessante, mas com o passar dos anos percebi que estava muito, mas muito enganado. Era preciso um nome forte, que representasse a relevância do nosso produto.

Chegaram a pensar que estava louco, que ninguém com anos de estrada e com um nome já conhecido na região mudaria tudo da noite para o dia. Mas como não sou todo mundo, já dizia minha mãe, eu deveria arriscar.

Sempre gostei da palavra "conhecimento". Foi por meio dela que construí quem sou hoje, tudo que sei e o que pude ensinar. Sendo assim, tive a ideia de traduzir essa palavra para o inglês: *knowledge*. Então pensei comigo: "É isto, basta abreviar que o nome está pronto: KN". Mas ainda faltava algo, senti que não estava completo. Bom, se eu queria um nome que realmente fizesse sentido para essa metodologia rápida e facilitada, nenhuma outra palavra poderia melhor completar do que "agora", ou seja, *now* em inglês.

Foi aí que aprendi uma lição valiosa: você pode ter um bom negócio e um bom produto, mas, se o nome não for vendável, ele não dará certo.

Nascia então a KNN, *Knowledge Now* (Conhecimento Agora).

4

Sempre rápido, mas sem pressa

O tempo é o seu maior aliado.
Mas, cuidado, ele pode também ser seu inimigo.
É preciso maturidade e responsabilidade.

Nunca tive pressa em crescer. Sempre soube que cada passo, por menor que ele fosse, é importante nessa caminhada. O sonho, sim, era grande, consolidar minha marca no país tornou--se meu principal objetivo. Ainda que pequeno diante de uma concorrência com anos de estrada, minha sede de gigante me motivou a continuar.

O fato de existir concorrência jamais me abalou, ao contrário, me instigou ainda mais. Eu sabia que minha empresa era diferente e que se destacaria no mercado justamente por isso. Num universo de semelhanças, é o diferente que se destaca, que chama a atenção, que é mais visto. Quando aliamos essa peculiaridade à qualidade do serviço prestado, nada detém o seu sucesso.

De uma escola abri uma segunda, uma terceira e, pouco tempo depois, inaugurei a quarta. Meus filhos, já crescidos, me ajudaram a administrar as unidades da região. Ainda naquela época, em outro casamento, eu tive uma enteada que vivia em Itapema, Santa Catarina. Ela, por sua vez, teve a ideia de levar a KNN para a cidade. Não demorou muito e eu inaugurei a quinta escola por lá para que ela cuidasse. Conhecia pouco da região, no começo até duvidei que a unidade faria tanto sucesso quanto as do interior de São Paulo. Até que veio a surpresa.

Seis meses. Foi o intervalo de tempo entre a escola inaugurar e atingir mil alunos. Parecia impossível uma empresa até então desconhecida na região simplesmente conquistar números tão incríveis. Mantive por um tempo minha vida em São Paulo, mas meu foco já estava totalmente voltado a essa região. Pouco tempo depois, estava eu fazendo minhas malas em direção ao litoral norte de Santa Catarina.

Negociei a venda das unidades de São Paulo e transferi o título de matriz à escola de Itapema. O número de alunos só crescia, investimos pesado no marketing para que cada vez mais pessoas pudessem conhecer nosso nome. Não muito longe dali, surgia um novo objetivo, ainda mais arriscado.

Para quem não sabe, Itapema é cidade vizinha de Balneário Camboriú. Sinônimo de qualidade de vida, o município é um dos destinos turísticos mais visitados do Brasil e está entre os cinco com maior Índice de Desenvolvimento Humano (IDH) do país. O grande potencial carregava consigo um enorme obstáculo: existiam, na época, nada mais nada menos do que 35 escolas de inglês na cidade.

"Você é louco de querer colocar uma marca desconhecida num lugar como esse. É pedir para fracassar." Só eu sei o quanto ouvi isso. Tomar conhecimento desse número assustador não me desmotivou. Na mesma semana, eu já estava buscando um ponto perfeito para instalá-la. Das duas, uma: ou daria muito certo, ou muito errado. Resultado? Mil alunos matriculados em apenas cinco meses.

Acredito que muito do sucesso das escolas se deu por conta da energia. Sei que sou o maior suspeito para falar disso, mas a energia lá dentro é tão positiva que, mesmo sem perceber, reflete no trabalho. Essa energia não é construída naturalmente em sua totalidade, ela precisa ser alimentada. Quando cada colaborador se sente parte de um todo e, principalmente, se sente importante independente da função que exerce, a empresa passa a ser sua segunda casa.

Eu volto a dizer que o papel de alimentar essa energia e esse sentimento é, na maioria das vezes, do líder. Quando esse papel é bem conduzido, quando o líder consegue envolver e criar essa dinâmica, não existe mais a palavra "funcionário", e sim "colaborador"; não existe mais "eu", e sim "nós" e, finalmente, não existem mais "subordinados", e sim uma equipe.

A habilidade de liderar nem sempre nasce com você. Assim como andar de bicicleta, amarrar os sapatos ou aprender um idioma, muito disso requer prática. Para liderar precisamos conhecer pessoas, aprender a arriscar e, principalmente, arcar com responsabilidades. É aqui que entra uma diferença básica entre chefe e líder. Enquanto o chefe arruma culpados por erros cometidos, o líder arruma soluções, independentemente de onde a culpa possa estar.

O chefe impõe sua autoridade. O líder, por sua vez, direciona tarefas e se mantém próximo para auxiliar no que for preciso. Somente um verdadeiro líder reconhece talentos e torna viáveis os meios para que eles sejam diariamente desenvolvidos.

Um líder também é capaz de transformar outras pessoas em líderes. Para isso, a vontade de fortalecer uma equipe deve ser maior do que qualquer ego, disputa ou concorrência dentro de uma empresa. Acredito, aliás, que competições internas ajudam no desenvolvimento e no fomento dos resultados, porém, deve ser achado um meio para que isso ocorra da forma mais saudável possível.

Reconhecemos uma concorrência saudável quando percebemos que as equipes anseiam crescer de forma conjunta, independente de resultados mais positivos para uma ou para outra. Quando esse sentimento de união e parceria não ocorre, os setores se transformam em rivais dentro de sua própria empresa. Resultados individuais são, sim, extremamente relevantes, porém é preciso entender que de nada adianta se o resultado final não for positivo também.

Equipe, de acordo com o dicionário, é um grupo de pessoas que trabalham em conjunto para o mesmo fim. Acredito que essa definição tenha resumido sua importância dentro de uma empresa. Não há ambiente saudável e próspero sem cooperação. Dessa forma, o valor que cada colaborador dá para o trabalho em conjunto reflete diretamente nos resultados do fim do mês.

Falando em resultados, a marca KNN estava prestes a completar dez anos de história em 2014. Eu já possuía escolas próprias cheias de alunos, uma fazendo mais sucesso que a outra. Eu não poderia estar mais contente. Por incontáveis vezes, tentei resistir ao que se mostrava inevitável no futuro.

Admito que o sentimento de medo me tomava cada vez que isso passava pela minha cabeça. Não pelo receio de colocar tudo o que construí até agora em risco, era algo diferente. Eu sabia que tinha uma receita pronta, madura e capaz de ser sucesso em qualquer canto do país, faltou somente materializar tudo isso para que eu pudesse visualizar com mais clareza.

Eis que um grande amigo, que fazia parte de minha equipe comercial na época, veio até mim e nem ao menos titubeou: "Vamos transformar a KNN em uma rede de franquias!". Apesar de já ter refletido se era o ideal a se fazer no momento, por mais algumas vezes declinei dessa ideia. Depois de insistir muito, disparei: "Então tá, se você conseguir em um mês negociar pelo menos uma franquia, entraremos para o mercado". Em três dias, ele retornou com uma negociação finalizada em mãos. Era o começo de uma nova e decisiva fase para a KNN.

Talvez meu maior medo na época tenha sido a sensação de estar "mexendo em time que estava ganhando". Mal sabia eu que esse time nem havia entrado em campo ainda para competir. Pensei comigo mesmo: "Bom, se em três dias uma marca até então pouco conhecida atraiu olhares de investidores, de fato temos um produto fantástico em mãos e é preciso que todos conheçam esse modelo de negócio".

De uma unidade, foram negociadas mais uma e mais outra. Quando vimos, estávamos com sete contratos assinados ao final de 2014. A vontade de franquear a marca já havia, na verdade, se transformado em uma necessidade. Apesar de nossa vasta experiência, parecia tudo novo, e realmente foi. Nossa equipe na época era enxuta, mas nossa sede pelo trabalho e por resultados era multiplicada por cem. E seguimos, com rapidez, mas sem pressa.

Ser ágil e ter pressa são coisas completamente diferentes, não só no mundo dos negócios, mas em tudo o que fazemos. Assim como uma oportunidade vem de forma rápida, ela pode desaparecer mais rápido ainda. Por isso devemos estar sempre antenados ao nosso redor, buscando, avaliando e transformando oportunidade em realidade. Agora, quando agimos com pressa, a chance de nos atropelarmos é grande. Com isso, você estará sujeito a cometer maiores erros pelo caminho.

Mas de uma coisa você precisa estar ciente: não basta ser o melhor, é preciso ser o mais rápido. Você pode ter a melhor ideia, o melhor produto, a melhor equipe. No entanto, se você não for o primeiro, você fica para trás. Afinal, ganha quem atravessa mais rápido a linha de chegada.

Encontramos na franquia o modelo de negócio que perfeitamente se encaixa em nossa receita de sucesso. Isso porque esse sistema permite que uma marca já consolidada e com anos de estrada encontre investidores e lhes ensine a aplicar todos os procedimentos que contribuam para o sucesso de sua unidade e constante expansão da rede.

Vejo por aí muitos empreendedores que possuem dinheiro, vontade e disposição para abrir um negócio próprio. Entretanto, se esquecem que abrir uma empresa vai muito além disso. Não basta dinheiro, uma boa equipe, um bom ponto ou uma boa estrutura. É preciso administrar com eficiência, lidar com os problemas diários e suas soluções, além de promover seu trabalho para que mais clientes possam chegar. Sendo assim, milhares de empresários acabam sofrendo a chamada "solidão administrativa".

Isso acontece quando o empreendedor encontra dúvidas sobre como executar funções primordiais da empresa, que acabam muitas vezes comprometendo o negócio. É nesse ponto que a franquia vem para suprir esse sentimento, já que investir em uma marca experiente significa correr menos risco ao se deparar com toda a complexidade de abrir uma empresa.

Nesses momentos de insegurança quanto ao futuro, é fundamental contar com suporte nas mais diversas áreas para que os problemas sejam solucionados. Ainda mais quando esse suporte leva em consideração as particularidades de cada pessoa, humanizando-o. Acredite, é muito mais difícil quando estamos sozinhos no mundo dos negócios, sem conhecimento, apoio e compartilhamento de ideias e experiências.

E era essa a nossa maior vontade: ensinar e permitir que as outras pessoas também conhecessem novas possibilidades, até mesmo aquelas que jamais imaginariam abrir o próprio negócio. Tínhamos a certeza de que encontraríamos centenas de pessoas ao redor do país, e até do mundo, prontas para mudar de vida. Franquear foi o que permitiu que isso tudo acontecesse, e sabíamos que merecíamos estar ali.

5

Foco nos objetivos

Na escada para o sucesso, cada degrau importa. Valorize os seus passos, por menores que possam parecer.

Quando se fala de mérito, sinto que as opiniões sempre são muito divididas. Existem pessoas que acham que merecer algo é errado. E não é. Eu sempre digo que todos temos o que merecemos, seja para o bem ou para o mal. Merecemos estar onde estamos e merecemos chegar no lugar que temos como plano, ou melhor, como objetivo.

Quando estabelecemos metas, precisamos desviar todo nosso foco e nossa atenção para elas. Passo a passo, sem se atropelar ou passar por cima de ninguém. Devemos pensar em nossas metas como uma grande escada com inúmeros degraus, e cada um deles correspondem a cada passo que damos em direção aos nossos objetivos.

Se ficar complicado planejar tudo na cabeça, não subestime o poder do papel e da caneta. Escreva qual o seu objetivo final e quais objetivos menores será necessário conquistar para chegar lá. Parece tão simples, não é mesmo? Mas essa parte é com você e só depende de você. Acredite, fazendo isso naturalmente, você se impulsionará com mais força para cumprir cada passo.

Pronto, agora basta agir, não é mesmo? Errado. Até para agir, precisamos de planejamento. Não basta existir uma ideia, se não pensarmos minuciosamente em nossas ações. Muitos já vieram se queixar para mim que fizeram a coisa certa, mas no final das contas deu tudo errado. O que eu digo para eles é o seguinte: não adianta fazer a coisa certa, mas de maneira errada.

Mas isso é o bastante? De forma alguma. Também de nada adianta fazer a coisa certa, da maneira certa, mas na hora errada. Por isso o planejamento de cada detalhe, por menor que seja, é vital para seu sucesso. Mas não acaba por aí: também não adianta fazer a coisa certa, da maneira certa, na hora certa, mas no lugar errado. Para tudo existem um momento, um jeito e um lugar. Para que percebamos isso, é necessário principalmente atenção e muita responsabilidade.

Não pense que construí minha empresa apenas com acertos. O importante é identificar o que saiu errado, consertar e trabalhar para que o mesmo erro jamais volte a acontecer. Lembre-se: acerta mais quem erra menos.

Muitos desafios vieram com a transformação da KNN em uma rede de franquias, aliás. Apesar de toda a essência ter sido mantida, era clara a completa mudança que isso iria gerar, tanto em estrutura quanto em administração e, principalmente, execução. Era preciso aumentar equipe, espaço e ritmo de trabalho. Era necessário mostrar para todos o que estávamos nos tornando e o que buscávamos com tudo isso.

No meio desse turbilhão de transformações, mais unidades eram negociadas e mais parceiros sentiam confiança em investir nessa marca recém-chegada ao mercado de franquias. Acredito que o principal fator para que isso acontecesse foi sempre nosso modo transparente de tratar as coisas, sem meias verdades e enrolação. Tudo o que um empreendedor não precisa, principalmente o de primeira viagem, é de uma empresa que dificulte e traga problemas ao invés de soluções.

Sendo assim, o principal fator e de vital importância para que essa relação exista e perdure é, sem dúvidas, a confiança. Basta não existir confiança de um dos lados para que os dois saiam perdendo. Caso ainda tenha dúvidas, pare e reflita: no que você investe sem confiar? Nada, não é mesmo?

6

O que te desafia é o que te transforma

Motivação é o impulso que nos faz agir. É ela que mantém acesa a chama e que nos prepara para os desafios.

Já houve momentos de sua vida em que, por mais que surgissem diversos planos, você não se sentiu motivado o bastante para colocá-los em prática? Compreendo que há coisas que não podemos controlar ou mudar. E muitas dessas coisas acabam nos frustrando por não conseguirmos concluí-las. Entretanto, você já experimentou parar e refletir se essa falta de motivação não teve origem em você mesmo?

Antes de tudo, sabia que existem dois tipos de motivação? A intrínseca e a extrínseca. A primeira diz respeito à motivação de dentro para fora, aquela que está relacionada com os princípios, valores e desejos de cada pessoa. É uma habilidade que contribui para nosso autoconhecimento e constante evolução como seres humanos. Depende somente de nós.

Já a motivação extrínseca é desenvolvida dentro dos indivíduos por fatores externos. É o sentimento gerado a partir da valorização e gratificação do profissional, por conta de sua atuação positiva dentro da empresa. Quando o colaborador se sente parte fundamental dentro de uma equipe, ele se mantém empenhado e envolvido para continuar um bom trabalho e até mesmo superar expectativas.

Mas não pense que esses dois tipos de motivação não se correlacionam. Muito pelo contrário, eles andam juntos e contribuem para a manutenção do outro. Quando um colaborador não recebe motivação externa, ou seja, não se sente reconhecido ou bem recompensado por um ótimo trabalho, a chama de sua motivação interna certamente se apagará.

Por isso a importância de um bom líder dentro da empresa. Ele, além de outras fundamentais funções, manterá acesa essa chama, para que sua equipe sempre se sinta parte de um todo. Essa motivação influenciará diretamente para que todos deem o melhor de si, pois terão a certeza de que seu trabalho contribui para o sucesso da empresa.

Mas, falando nisso, quantas vezes por semana você estimula a sua motivação? Ela pode ser encontrada ou desenvolvida de diversas formas. Cito como uma das mais importantes a estipulação de objetivos. Quando você traça metas e mantém o foco para completar esses desafios, dia após dia, sua motivação cresce de forma natural. Sua determinação deve guiá-lo para alcançar esses objetivos, independente dos obstáculos que surgirem.

Os obstáculos servem, e são importantes, para que você se torne cada vez mais forte e preparado para lidar com adversidades. Quando isso ocorre, qualquer obstáculo deixa de ser um empecilho e passa a ser um impulso a mais na conquista do que você almeja. E quando um desses obstáculos o levar ao erro, lembre-se: não são as quedas que determinam seu futuro, mas sim a quantidade de vezes que se levantou e continuou em frente.

Todos estamos propensos a falhas, até o mais forte de nós. O que vale mesmo é ter certeza de que fizemos nosso melhor e que os erros cometidos nos ajudarão a acertar daqui para frente.

Cada erro que cometi pelo caminho, aprendi a transformá-lo em ensinamento. É claro que no começo, com toda a inocência de uma criança que passou a empreender por necessidade, o erro, por mais que mínimo, já se tornava uma frustração. Entretanto, não demorou muito para que eu entendesse que aquilo realmente fazia parte, e eu precisava aceitar e persistir. Sei que em muitos momentos nos vemos perdidos e prontos para "pular do barco", mas o fato é que ninguém se torna forte apenas com acertos. Errar é o que nos faz amadurecer e entender como a vida realmente funciona.

Foram ensinamentos como esse que me dediquei a passar aos meus filhos. De que nenhuma conquista na vida acontece "de mão beijada". Somos totalmente responsáveis por nossas ações e por correr atrás do que queremos, mesmo que precisemos enfrentar consequências no futuro. O importante é manter a cabeça erguida e confiar em seu potencial.

Ensine a seus filhos desde cedo o importante papel da liderança. Mostre a eles como é preciso assumir responsabilidades e saber lidar com os desafios e a pressão de ser um grande líder. Eu acredito ser de imensa importância que as pessoas adotem, desde cedo, comportamentos empreendedores. Mesmo que essa pessoa não venha a se tornar, de fato, um empreendedor, ela certamente estará mais preparada para o mercado de trabalho.

Por se tratar de um novo tema na educação brasileira, o empreendedorismo gera certa polêmica quando a discussão é sua inclusão obrigatória no currículo escolar. Muitos dizem que o empreendedorismo não pode ser ensinado; outros já acreditam que há, sim, como ensinar. No entanto, o que me chama a atenção no dia a dia é que, apesar de existir vontade, muitos empreendedores brasileiros estão mal capacitados. Acredito que isso se deva à falta de incentivo, muitas vezes, por parte da escola e da família, os quais deveriam ser os primeiros lugares a haver motivação.

O empreendedorismo não deve ser um tabu, muito menos um bicho de sete cabeças. Não se pode achar também que esse não é um assunto para os menores.

Lembre que praticamente todas as nossas habilidades cognitivas se formam antes dos doze anos, e estimular essas práticas desde cedo certamente fará com que essas crianças se tornem mais preparadas no futuro.

7

A matemática do sucesso

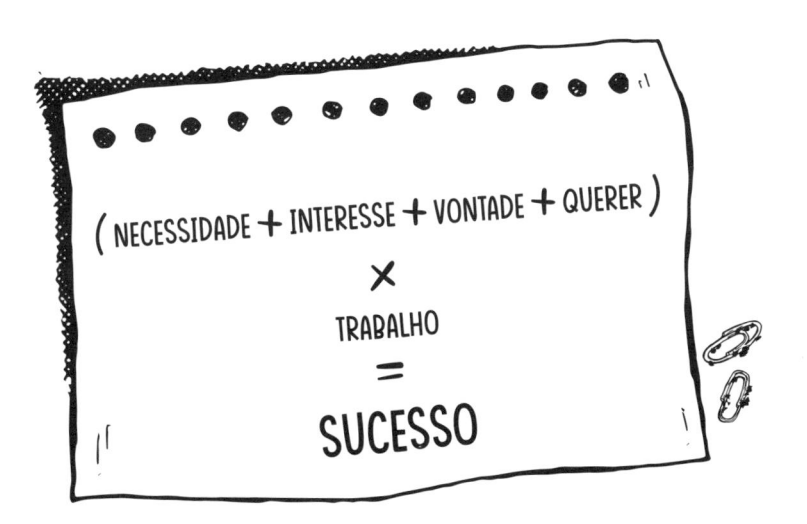

$$(\text{NECESSIDADE} + \text{INTERESSE} + \text{VONTADE} + \text{QUERER}) \times \text{TRABALHO} = \text{SUCESSO}$$

Os cálculos que podem te levar ao sucesso nem sempre apresentam números.

Muito já ouvi esta pergunta: "Reginaldo, o que é sucesso para você?". Por vezes me peguei um tanto quanto confuso e titubeei ao responder, principalmente quando era mais jovem. Ficava me questionando se o significado era ser rico, ter bens, viajar o mundo. Entretanto, depois de alguns anos, pude perceber que o sucesso vai muito além do dinheiro.

Quando nos motivamos apenas pelo dinheiro, nossos objetivos podem acabar se perdendo. Nosso propósito não deve ser somente esse. Imagine o dinheiro apenas como uma consequência de algo muito maior e mais importante. Faça, então, com que os resultados sejam o seu maior objetivo.

Volto mais uma vez ao que disse no começo deste livro: dinheiro não é tudo, mas é muito. É com ele que você coloca comida na mesa, paga suas contas e vive. Dinheiro também pode ser sinônimo de investimento em autoconhecimento e evolução, tanto pessoal quanto profissionalmente.

No mundo dos negócios, não há outra ferramenta mais vital do que o conhecimento. É necessário que todos os dias estejamos abertos a aprender algo novo e, principalmente, transformar suas ações em experiência, independentemente de serem positivas ou negativas. Quando nos permitimos conhecer, um mundo de oportunidades passa a existir.

Números. Esses foram sempre meus grandes aliados desde que o empreendedorismo passou a fazer parte da minha vida. A facilidade que encontrava em resolver equações, problemas e cálculos me deixava cada dia mais apaixonado pelo mundo dos negócios. Tanto que foi justamente uma fórmula que me salvou, uma fórmula criada por mim e que resume de maneira plena e transparente minha história. Eu a chamo de "matemática do sucesso".

O que pode soar estranho, e eu entendo completamente, é um único detalhe: essa é uma fórmula que não apresenta números, mas que não existe outro resultado possível se não o sucesso. Quando criei essa fórmula, muitas perguntas passaram a ter respostas e muitos problemas passaram a ter solução.

Inúmeras podem ser as questões que permeiam a realidade de muitas pessoas, que talvez estejam neste exato momento desistindo de um negócio e abrindo mão do futuro por causa de uma queda ou adversidade. A matemática do sucesso pode ser a fórmula que explique e até dê os resultados necessários para todas as dúvidas que impedem alguém de ser diferente, único e, principalmente, gigante naquilo a que se propõe.

Muitos se queixam por não terem alcançado o sucesso esperado, mas o fato é que não basta querer para poder. Essa é uma conquista que demanda diversos fatores e todos eles dependem unicamente de nós. A importância dessa fórmula está em nos fazer refletir, repensar e rever diversas atitudes que nos freiam para conseguir o que almejamos. Tudo isso contribui para nossa evolução.

Fazer este cálculo é muito simples: some necessidade + interesse + vontade + querer e multiplique por trabalho. Pronto, é só isso. Simples, não é mesmo? Bom, é simples se você quiser que seja, mas pode ser mais complexo do que você imagina. Mas fique tranquilo, eu vou explicar melhor.

Para alcançar o sucesso, é preciso antes de tudo perguntar a si mesmo se você sente necessidade disso. Isso significa que você deve se questionar se o sucesso é o seu maior objetivo. Contudo, além disso, você tem interesse em crescer e evoluir como profissional? O interesse faz despertar aquele espírito de perseverança, pois tudo o que nos interessa nos faz continuar.

Tão importante quanto o interesse é a vontade que temos de alcançar o sucesso. Quando nos alimentamos desse anseio e dessa gana de conquistar o que desejamos, nos esforçamos o dobro para conseguir. Agora, se temos necessidade, interesse e vontade, é preciso querer. Pergunte para si se você quer realmente o sucesso, se todo o seu planejamento está alinhado e na direção dos seus objetivos.

Se você já somou todos os itens dessa fórmula, basta então multiplicar por muito trabalho. De nada adianta ter esses sentimentos se eles não são postos em prática. Depende unicamente de você saber identificar e desenvolver o melhor de cada um. Querer, ao contrário do que muitos pensam, não é poder. No entanto, querer, aliado a todos os elementos dessa fórmula, é poder, sim.

Tenho certeza de que, ao usar a matemática do sucesso, você se lembrará de todos os dias manter o foco e ainda rever certas atitudes que possam ter contribuído para a falta de um dos seus componentes. Depois de todos os percalços e desafios que enfrentei, essa matemática significou uma retomada permanente da minha autoconfiança e persistência.

E quanto ao significado real do sucesso para mim? Bem, esse eu conto em breve.

8

A hora certa de empreender

No mundo do empreendedorismo, seu foco vale mais que sua experiência.

Minha trajetória no mundo dos negócios me fez entender que empreendedorismo não tem idade. Muita coisa mudou, mas percebo que ainda resta um pouco do pensamento de que, para começar a empreender, é preciso ser mais velho e ter anos de estrada. Acredite, idade não tem nada a ver com maturidade ou capacidade. Apesar de eu ter começado muito cedo, minha falta de experiência na época somente me impulsionou ainda mais. Empreender tem muito mais a ver com ter foco do que sobre ter experiência.

Você não deve estacionar seus projetos ou sonhos por se achar novo ou velho demais para ser empreendedor. Em vez disso, pergunte a si mesmo se tem força de vontade para conquistar todos os seus objetivos. Caso algo não saia como o planejado, é normal se sentir perdido no começo, entretanto, use isso a seu favor.

A partir do momento que você percebe que está pronto, chegou a hora de empreender. O que define se você está preparado não é sua idade, mas sim sua força de vontade e determinação.

Com o passar dos anos, temos visto cada vez mais os jovens investindo no próprio futuro. A geração jovem atual já não quer se limitar às velhas práticas e, para isso, tem anseio de alçar novos e independentes voos. Um dos motivos é a vontade de adquirir estabilidade financeira, bem como deixar de ser empregado para se tornar empregador.

Então eu não poderia deixar de dar este conselho aos mais jovens: lancem-se, deem saltos e, principalmente, arrisquem-se. A juventude é feita de experiências, vivências, erros, acertos e evolução. Muitas das grandes ideias do mundo partiram dos jovens e eles têm nas mãos uma imensa responsabilidade, pois são o futuro da economia. Sua mente criativa deverá idealizar novas práticas para que as próximas gerações possam ter uma base segura e próspera para seguir seus passos. Ideias de sustentabilidade, inovação tecnológica e empreendedorismo.

Muitas empresas estão engessadas justamente por insistirem em atitudes que já estão desgastadas ou não cabem mais em nossa atual realidade. Um empreendedor tem sede por conhecer, se aprofundar, mudar atitudes para o melhor e, principalmente, crescer.

Não há como escapar do futuro, ele está aí, já chegou, e ir contra isso é jogo perdido. Mantenha-se sempre atualizado, leia, questione, conheça. Nosso cérebro é como uma máquina, que precisa constantemente de manutenção para que ela não pare. Precisamos de conhecimento para tudo e não devemos ter vergonha de aprender, de questionar e muito menos de ensinar aos outros o que sabemos.

Ah, e isso vale também para os que já não se acham tão jovens. A constante busca pelo conhecimento deve existir por toda a nossa vida, não podemos estagnar pensamentos, práticas e atitudes. Identifique o que pode ser mudado para melhor, e então mude. Vivemos na era da informação e devemos tirar o melhor proveito disso. Ainda mais tendo a tecnologia como nossa maior aliada, que facilita que esse conhecimento chegue de forma muito mais rápida e ampla a todos.

Entretanto, não podemos subestimar nosso conhecimento empírico. Aquele que se relaciona com nossas experiências cotidianas, o que aprendemos definitivamente na prática. Tudo o que aprendemos com nossos erros e acertos durante nosso dia a dia também deve ser levado em conta. O conhecimento teórico, no entanto, nos permite abrir nossa mente, expandir horizontes e, com isso, nos deixar mais preparados e atentos para nossas experiências diárias. Um está a favor do outro.

Portanto, persisto novamente em dizer que seus tropeços fazem parte de seu fortalecimento. Não se frustre por algo não ter dado certo, em vez disso trabalhe o dobro para acertar. Pense comigo: você acha realmente que todas as grandes ideias do mundo deram certo de primeira? A resposta é muito clara: absolutamente não. Mas a diferença está na persistência e na manutenção dessa ideia, lapidando-a e encontrando maneiras de aprender com as falhas para acertar no futuro.

Não devemos também julgar os outros por seus erros. Por que, em vez de julgar, não passamos a motivá-los a não desistir? Não há uma pessoa no mundo que saiba de tudo, há sempre algo novo para ser aprendido, e ensinado também. Compartilhe conhecimento com outras pessoas e perceba que, ao mesmo tempo, você estará aprendendo com elas.

Ao desenvolver essas qualidades, você está um passo à frente rumo à liderança.

9

Você escreve seu futuro

Não há nada mais gratificante do que perceber o quanto evoluímos em nossa jornada.

Muito sou questionado sobre organização. De que modo eu coloco minhas responsabilidades em dia, sem que eu me perca no meio de tanta coisa. Acredite, a organização pode funcionar com uma simples agenda e caneta em mãos. Esses objetos podem parecer tão ultrapassados, não é mesmo? Mas eu não subestimaria o poder deles. Quem me conhece há muitos anos provavelmente já me viu carregando-os para cima e para baixo. Desde os tempos do analógico até hoje, mesmo que os smartphones tenham substituído tudo isso. Eu sempre levei a sério a expressão "coloque as ideias no papel".

Faça da agenda e da caneta suas fiéis companheiras. Sempre que eu tenho uma ideia durante o dia, ou algum compromisso importante, seja dentro ou fora da empresa, eu anoto. Faço rabiscos, cálculos, desenhos, tudo o que vier à minha mente no momento. Tenha uma certeza: desses traços surgem ideias geniais que podem mudar sua vida.

Trace metas diárias, semanais, mensais ou até mesmo para os próximos anos. O que importa é que você se motive a concluir todos aqueles passos ali escritos. Faça também um completo planejamento de suas ações. Quais passos você precisará dar para que aquelas metas sejam alcançadas. Quais obstáculos podem surgir e quais soluções você propõe para que as adversidades sejam ultrapassadas.

Ao fazer isso, perceba que você estará muito mais preparado para qualquer situação que possa colocar em risco seus planos. Você se antecipará antes mesmo que o problema seja, de fato, um problema. Quando tudo isso está no papel, automaticamente damos mais valor e nos instigamos a persistir em nossos objetivos.

Se quiser fazer da sua agenda um diário, não há problema algum com isso. Escreva seus sonhos, seus pensamentos, suas palavras de automotivação, preocupações e desafios. Tudo que passar por sua cabeça pode ser escrito. Às vezes mantemos a maioria de nossos sentimentos ou indagações em nossa cabeça, sendo que podemos utilizar isso a nosso favor, de modo a compreender e lidar mais assertivamente.

A agenda e a caneta podem simbolizar muito mais do que simples folhas rabiscadas. Podem ser o seu meio de encontrar respostas, de analisar situações e de se projetar a um futuro mais seguro e bem-sucedido. Depois você irá olhar para trás, folhear aquelas páginas e perceber o quanto evoluiu.

Nunca me esqueço do momento que comprei minha primeira agenda quando criança. Não era nada sofisticada, mas significou muito para mim. Ali comecei a escrever um futuro que sonhava, e quais objetivos eu precisaria cumprir para chegar lá. Não eram meras ilusões de criança, eu me via e estava determinado a mudar aquela realidade, para mim e para minha família. Rabisquei tanto aquelas páginas que aquela agenda nem chegou a durar muito.

Comprei outra, mais outra, mais outra. Jamais fiquei sem a companhia de uma. Hoje em dia eu poderia facilmente contar com a tecnologia, mas o sentimento não é igual. É como comparar uma fotografia digital com uma impressa. É um sentimento diferente, não é mesmo? Ter aquele registro em mãos tem um valor infinitamente maior do que visto por meio de celulares ou computadores. A agenda transmite a mesma sensação.

É a sua letra escrevendo ali os passos do seu próprio futuro. São seus rabiscos se transformando em grandes ideias. São seus cálculos se transformando em dinheiro. E são suas metas se transformando em conquistas.

Sem crise

~~CRISE~~

Um problema só se torna, de fato, um problema quando não focamos nosso olhar na solução.

Quando eu paro para pensar nos momentos em que a vida me colocou à prova, me lembro do quanto isso me trouxe mais força e aprendizado para enfrentar novos desafios que certamente viriam pela frente. A vida é um eterno risco e, às vezes, apenas aprendemos quando ela nos força a arriscar. Nossa percepção sobre a solução dos problemas se torna mais ágil, instintiva e eficaz.

Lembro-me de quando, em dezembro de 2019, um assunto entrava em pauta, mesmo que com pouco ou quase nenhum alarde. Um vírus novo que havia sido descoberto do outro lado do mundo. Parecia tão distante de nós, mas mesmo assim senti que algo viria pela frente. O ano virou, 2020 começou tranquilo e com sinais de que tudo correria da mesma forma. Nossos projetos estavam encaminhados e prontos para ser postos em prática, com todo o gás que havíamos recuperado após um longo ano de trabalho. Tivemos uma convenção incrível, que contou com mais de duas mil pessoas entre franqueados, colaboradores e convidados.

Mesmo quando o país não havia ainda registrado qualquer caso, percebi que era o momento de avaliar riscos e cenários possíveis para um futuro próximo. Já em uma das primeiras semanas do ano, ao chegar à empresa, me dirigi a dois dos diretores que tenho em minha equipe. Disse poucas e diretas palavras, pedindo para que preparassem comigo uma estratégia de enfrentamento a uma nova realidade que poderia estar chegando.

O que me preocupava era o fato de que nossa metodologia foi desenvolvida 100% para o presencial. De que forma seria possível conseguir ajustar um método de vinte anos em tão pouco tempo? É como diz aquele ditado: "Situações desesperadoras pedem medidas desesperadas". Apesar de não haver até então qualquer sentimento de desespero, era preciso agir o mais rápido possível para evitar ou amenizar ao máximo as consequências de uma crise em potencial.

"Precisamos desenvolver uma plataforma de ensino a distância." O tempo era curto, os casos já começavam a aparecer no país e em pouco tempo já se tornava um problema real e preocupante em todas as esferas da sociedade.

Aconteceu uma verdadeira mobilização. Todos os setores trabalhando de maneira frenética em prol de uma causa. Precisávamos nos manter à frente do problema, focando soluções imediatas para que a crise não nos freasse. Ao mesmo tempo que precisávamos manter nossa expansão, tínhamos de buscar alternativas emergenciais para que nossos alunos não ficassem sem estudar.

Três semanas. Esse foi o período entre o dia que me dirigi aos diretores para traçarmos estratégias até a conclusão e o lançamento oficial da KNN at Home. Essa plataforma, desenvolvida em tempo recorde, possibilitou que nossos alunos não perdessem suas aulas. De seus lares, centenas de milhares de estudantes permaneceram com seus estudos em dia e, o melhor, junto à sua turma e a seu professor.

Queríamos manter esse espírito de proximidade e de conexão. Nada daria certo se fôssemos por outro caminho, pois não faria parte de nossa essência. O resultado não poderia ser melhor. Apesar de termos sofrido com desistências, matriculamos milhares e milhares de alunos mesmo em tempos conturbados. Muitos justamente nos procuraram por interesse nas aulas on-line, já que seria a única forma pela qual eles poderiam estudar.

Não apenas obtivemos sucesso nas matrículas, mas também fortalecemos nossa expansão. O ano de 2020 foi o melhor da história da KNN em vendas de novas unidades. Foram 220 franquias negociadas. Esse resultado positivo apenas nos confirmou que estávamos o tempo todo certos do que queríamos alcançar. Acredito que a nossa maior diferença seja buscar oportunidade na dificuldade.

A palavra "crise" por si só assusta todo mundo. No entanto, é preciso entender que para cada crise existem, no mínimo, dez oportunidades. Basta agarrar uma delas. Em vez de se desesperar, busque soluções para o seu cliente e para seus investidores. Busque parcerias. Seja franco, honesto e trabalhe para que, mesmo nos tempos desafiadores, todos se mantenham unidos. E o principal: acredite no seu produto.

Empreender, por si só, já é um risco. Mas não é por causa disso que devemos temer a mudança. O novo deve ser bem-vindo e bem administrado. Sempre com responsabilidade e maturidade para que nada nos pegue de surpresa. Essa não foi a primeira crise e não será a última. Portanto, mesmo o maior problema pode, sim, ter uma ou mais soluções, e para que isso aconteça é preciso estar o mais à frente possível do problema. Só assim teremos o tempo como nosso maior aliado.

11

Sucesso

O real significado do sucesso está na sua determinação em conquistá-lo.

Se me perguntassem agora, neste exato momento, o que eu espero do futuro, eu responderia: "Nada menos do que já está planejado". Alcançar o topo e levar o modelo de negócio e a metodologia da KNN para o mundo não são meros objetivos utópicos, mas a pura realidade. Nada e nem ninguém podem deter a nossa determinação. Cada um de nós precisa acreditar naquilo que nos propomos a criar, confiar em nossos instintos e ter certeza de que cada meta será alcançada.

Muitas pessoas preferem viver um dia de cada vez. E elas não estão erradas, ou melhor, não estão tão erradas. Digo isso pois é preciso aproveitar a vida e tudo o que ela pode nos proporcionar. Às vezes nos restringirmos a uma rotina maçante que pode nos colocar em uma espiral infinita de mesmices. No entanto, saiba que é possível planejar o nosso futuro distante sem deixar de lado o nosso futuro próximo. O segredo? Ponderar.

Crie um objetivo principal. Aquele que você considera a linha de chegada, o topo da montanha. Esse objetivo é o seu futuro distante. Esse "distante" não necessariamente levará muitos anos para acontecer, isso dependerá de cada passo dado até concretizá-lo. A intenção é apenas mostrar que grandes objetivos tendem a levar um tempo para serem concluídos, tanto por causa de sua complexidade quanto pela minuciosidade necessária a ser empregada.

Já o seu futuro próximo são aqueles diversos objetivos específicos, que ajudarão e facilitarão a sua chegada à sua meta principal. Pense nos objetivos específicos como os degraus de uma escadaria. É preciso sobrepor um ao outro para que você consiga subir cada vez mais. O seu objetivo principal está lá no alto, mas você precisa construir essa escada para poder chegar até lá.

Seja qual for seu propósito na vida, garanta que cada passo esteja devidamente alinhado à sua expectativa. Comemore cada vitória e jamais se deixe abalar por uma derrota. Na vida, tanto pessoal quanto profissional, é preciso entender que o sucesso jamais chegará de bandeja. Cabe a você lidar com as adversidades para que, a cada tropeço, você se torne mais forte e preparado.

E respondendo à pergunta: sucesso, para mim, é a soma de todas as conquistas da vida. É acordar todos os dias feliz consigo mesmo, orgulhoso do dia anterior e confiante para um novo dia. É ter ao nosso lado pessoas que nos elevem e nos apoiem em cada passo, tanto nos momentos bons quanto ruins.

Sucesso

É ter saúde, inteligência e disposição para aplicar todos os nossos talentos a nosso favor. É ser forte, fiel ao que acreditamos, mas sempre mantendo a mente aberta para evoluir. É conquistar cada centavo, com o suor do nosso esforço, para garantir uma vida melhor para nós e para nossa família. É fazer dinheiro ao mesmo tempo que somamos resultados, sejam eles pequenos ou grandes, pois são eles que nos levam ao sucesso, e cada conquista conta. Nunca duvide de sua capacidade de crescer e jamais, eu disse jamais, se compare aos outros. Você não é todo mundo.

O significado do sucesso

Quando pesquisamos "sucesso" no dicionário, como resposta ele nos dá: qualquer resultado de um negócio. Bom resultado; êxito, sucedimento. Mas isso parece tão vago e generalizado, não é mesmo? O real significado do sucesso é único e individual. O meu sucesso tem caras e formas diferentes do seu. O seu sucesso é diferente do próximo, e assim por diante.

Neste livro, você pôde conhecer um pouco sobre o real significado de sucesso para mim. Mas, para que você veja que cada um carrega sua própria definição, convidei duas pessoas importantes em minha jornada para darem as suas:

"Sucesso é amar o que a gente faz.
É fazer o melhor que podemos com aquilo que temos. É traçar metas pessoais e profissionais, e com o trabalho duro ver os resultados acontecerem. É aprender com os meus erros, superar os meus medos e me sentir uma pessoa capaz e realizada. É reconhecer cada passo dado, sentir orgulho da caminhada e, principalmente, entender que só vencemos de fato na vida quando fazemos o bem, sem pisar em ninguém."

Paulo Afonso Bubola, amigo.

Sucesso

"Sucesso para mim significa não somente conquistar o topo, mas permanecer nele, perdurar. Fazer sucesso não é difícil, permanecer, sim. É preciso se reinventar muitas vezes e trabalhar com o impossível, porque o possível qualquer um faz.
Pude aprender que não existe dificuldade em que você não possa encontrar uma oportunidade. Para isso, basta você enxergar os três lados de tudo: o lado bom, o lado ruim e o que poucos conseguem ver, o lado bom do lado ruim. Quando você entende que tudo é apenas uma questão de ponto de vista, o sucesso já começa a fazer parte do desfecho de suas ações."

Geiza Boeira, esposa.

Esta obra foi composta em Vollkorn 11,5 pt e impressa
em papel offset 90 g/m² pela gráfica Loyola.